Text & Bilder: Autorin Cordula Langer

Copyright Cordula Langer

Alle Rechte vorbehalten.
Vervielfältigung oder kommerziele Nutzung ist ohne vorherige Genehmigung der Autorin untersagt.

Herstellung und Verlag:
BoD – Books on Demand, Norderstedt
ISBN 978-3-7412-4123-9

Von hier bis zu Dir

Cordula Langer

Inhalt

Seifenblasen I	6
Maulwurf	7
Bullshit I	8
Bullshit II	9
Bullshit III	10
Bullshit IV	11
Bullshit V	12
Bullshit VI	13
red wave	14
Das geht raus an MW's Haus	15
blue wave	16
Das unverzichtbare	17
bunt I	18
bunt I	19
Frohes Fest	20
November	21
War Crime	22
rotgelb	23
Soldier	24
Planet	25
I define my feature	26
Weltraum	27
Wolkentext	28
Schmetterling	29
Nachruf	30
blue	31

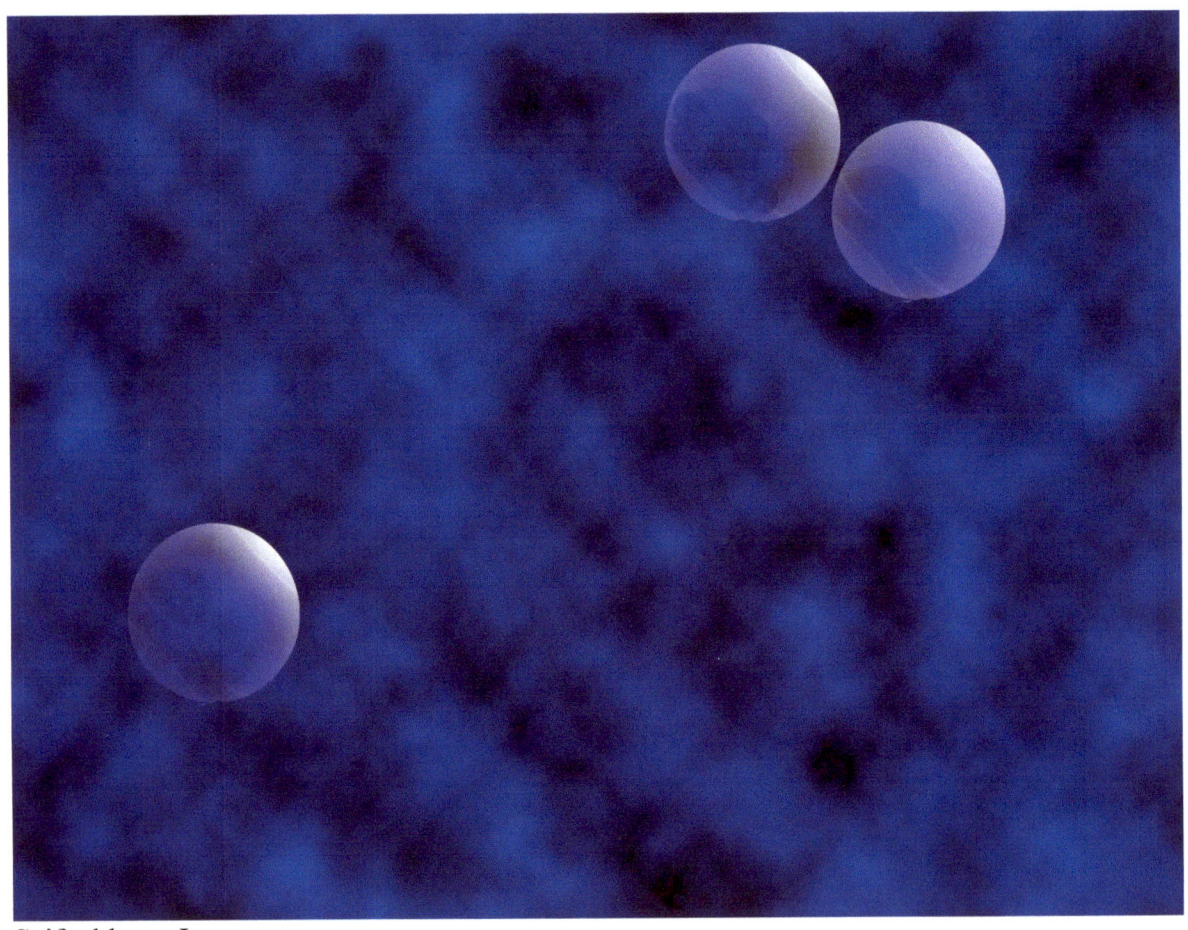
Seifenblasen I

*Maulwurf*_____
Dein Revier liegt in Frankfurt am Main und nicht in Köln am Rhein.
Du wechselst die Seiten. Mußt Informationen weiterleiten.
Erscheinst wenn man Dich bestellt. Wann und wie es Dir gefällt!
Kiffer und Kokser interessieren Dich nicht die Bohne.
Du sagst:" Muß' seh'n, dass ich die schone."
Wenn Dealer verhandeln mußt Du handeln.
Ein Zugriff zur Unzeit, das bringt Dich unheimlich weit.
Ein falscher Zugriff zur richtigen Zeit,
das hat das Gesetz und Dich entzweit.
Du arbeitest allein. Du bist ungern zu zwein. Dich nennt man Ermittler.
Du hälst Dich für einen Vermittler.
Deine Welt ist das grosse Geld und Du hast kein Umfeld, das Dir gefällt.
Du vegetierst dahin zwischen den Fronten.
Das ist der Grund warum wir nicht miteinander konnten.
Du hast keinen wahren Namen. Und keine wahre Adresse.
Kein persönliches Interesse. Immer eine Mätresse.
Bleibst ungenannt! So ziehst Du unerkannt durch's Land.
Du benimmst Dich wie eine Ratte und trägst keine Krawatte.
Dein Outfit leger. Anzüge mit Margin bringen Dich in Rage.
Hundemarke? Keine Frage! Deine Profession. Beweise schaffen!
Deine Obsession sind Waffen. Du mußt was vermitteln beim Ermitteln.
Walter steckst Du in die Tasche. Das ist Deine Masche!
Rückzug ist die beste Verteidigung. Ansonsten folgt die Vereidigung.
Hat man Dich erkannt, ist die Gefahr gebannt.
Du wickelst mich ein. Alles zum Schein!
Du schnüffelst rum! Glaubst man ist dumm!
Wie soll man Dir was vermitteln? Du willst nur ermitteln!

Bullshit

„Kleine" „Ich werde Dich immer schützen!"
Was soll so ein Spruch schon nützen!
Ich muß aufpassen, dass ich nichts versenke,
wenn ich an M.W. den Bullen denke!

Ein Polizist fühlt sich schnell verletzt.
Weil er das Wort Bulle falsch einschätzt.

Wer sagt schon Polizist?
Das hört sich an wie Ohren - Spezialist!
Geht auch kürzer!Das ist ja wohl klar!
Und deshalb sagt man Bulle.

Der Staat sollte mal bemerken!
Dass der Staat ständig den Sinn von Kunst verpennt!
Nein, sowas muß man als Bürger anmerken!
Weil der Staat das Wort „Bulle" nicht kennt!
Man muss nämlich mal klar sagen,
dass es heutzutage keinen mehr stört.
Weil „Bulle" zum allgemeinen Sprachgebrauch gehört.

Bullshit

Im Verhören bist Du top.
Manchmal entpuppt sich der Befragte als Flop.
„Fakten sind Akten!""Das macht keinen Spaß!
Da krieg' ich den Haß."Raucht jemand Dope wirst Du etwas grob.
„Das kann ich nicht ertragen, den muß ich wohl schlagen?
"Das nennt man psychiotischen Schub und dann ist gut.
Der Befragte sagt:"Was? Was soll das?"
„Hat der Klient Rechte und Pflichten?"
„Muß ich erst die Akten sichten!"„Akten sind Fakten!
"„Lassen wir ihn gehen! Müssen wir keine Akten sehen!"

Besonders spät und wenn es gar nicht mehr geht
willst Du mal über Dich sprechen.
Dafür mußt Du in der Kneipe blechen.
Von Mensch zu Mensch. Geschickte Delikte.
Emotionen sind keine Dinge. Unter den Augen hast du dunkle Ringe.
Gefühle sind verboten. Das gibt schlechte Noten.
Gefühle machen schwach. Ach!

Die Nacht nimmt ihren Lauf. Morgen früh häng ich mich auf.
Morgen fang ich ganz neu an. Heute Nacht muß ich noch mal ran.

Bullshit

Dass Du das jetzt tun mußt? Hättest Du das vorher gewußt?
Nein, da hast Du Dich voll vertan.
Ansonsten hättest Du sowas nie getan!
Backst wieder kleine Brötchen als Bäcker.
Außerdem sind die auch lecker!
Eine letze Frist.....sprach der Polizist.
Und ist froh, dass er kein Bäcker ist.
Und dass es nicht mehr an ihm frißt.
Sondern, dass er nur die Brötchen ißt.
Eine letze Frist.....sprach der Polizist:

Dealer mag ich nicht. Die bring ich vor Gericht.
Ich komme immer zu spät. Weil mich der Täter nicht einlädt.
Knallt es mal wieder beim Zoll? Hab' ich die Schnauze gestrichen voll.
Hab' ich den Täter verpaßt? Dann hab' ich etwas verpatzt.
Beweise lassen wir gerne liegen. Braucht Keiner mitkriegen.
Knarrt es im Gebälk? Wird Zeit, daß ich wieder Kühe melk'.
Verschanze ich mich hinter der Mauer?
Besser wenn ich dem Täter auflauer!
Waffen mag ich sehr gerne leiden. Dann muß ich nix entscheiden.
Und hab' ich den Täter nicht lieb. Dann sieht der aus wie'n Sieb.
Aber Rückzug ist besser! Sonst zieht der vielleicht noch sein Messer.

Bullshit

*Kopfschmerzen krieg' ich vom Verhör,
Weil ich den Staatsanwalt ungern stör'.
Anwalt für den Angeklagten? Der muß erst mal was falsches sagen!
Gewalt mag ich als Bulle nicht. Zieh'n mich dann vor Gericht!
Hat der Befragte kein Interesse? Hau' ich ihm bald auf die Fresse!
Nein das darf ich als Polizist nicht. Dann lande ich vor Gericht!
Und ich muß schützen mein Gesicht vor dem Kameralicht!
Mein Chef wird das schon richten, wenn die darüber berichten.
Treten, schlagen und nicht die Wahrheit sagen! Bulle sein ist schwer.
Ich will nicht mehr! Das ist eine Welt für sich.
Kollegenschelte interessiert mich nich'. Psychologe könnte helfen.
Aber der existiert nur bei den Elfen!
Bin ich Simulant oder ein Mutant? Ach du Schande.
Verläuft doch eh im Sande.
Wichtiger ist doch die Hehlerbande!*

*Schlaflosigkeit, Spannung, Streß und Psychose!
Immer schwarze Lederjacke und olivgrüne Hose!
Mörder und Kinderschänder verfolgen lassen und hassen
versteckte Sender Gespräche übertragen lassen
Hehlerei vermindern und Attentate verhindern.
installierte Tonbänder und Raummikrofone
damit man die BullenOhren schone
geboren um zu enttarnen
und keinen Bürger davor warnen*

Bullshit

Nach aggressiven Probanden fahnden.und Strafzettel absahnen.
Psychos einweisen und Dealern Illegalität beweisen.
Alle tragen Waffen um Genugtuung zu schaffen.
Dann ist es soweit. Jede Schmauch hält nur auf Zeit.
Im rechtsfreien Raum ermitteln und Gesetze vermitteln
Deutschland bereisen und Fronten enteisen.
Das kann deine Mimik vereisen.
Kind zur Adoption frei geben will die Familie überleben.
Mußt alle schützen und dem Staat nützen.
Mit Gewalt wirst Du alt. Waffen machen kalt.
Psychosen sind Deine Rosen.Du hilfst anderen aus der Not.
Das ist Dein täglich Brot.

Geschickte Delikte sind keine Lebensversicherung.
Dann folgt eine kriminaltechnische Untersuchung.
Das StGB ist was für Bullen wie MW'e.
Manche besitzen eine MG'e.
Die staatlichen Entscheidungsbehörden sollen Dich fördern.

Fördern kommt von fordern.
Manchmal darfst Du morden.
Darum muß man Dich vereidigen.
Dann kannst Du Dich verteidigen.
Zur Sicherung des Rechtsfrieden'.
Ist das nicht ein bisschen übertrieben?

Bullshit VI
Ordentliches-, und Besonderes-, und Ausnahmegericht.
Für Blinde und Lahme nicht!
Zivil-, und Straf-, und Verwaltungsgericht.
Das interessiert meist nicht!
Verfassungsgericht und Bundesgerichtshof.
Wird man davon eigentlich doof?
Manchmal wachst Du auf. Lauf , Lauf, Lauf!
Und Du weißt nicht wer oder was Du bist.
Bin ich Polizist?Eine letze Frist.....sprach der Polizist.
Und ist froh, dass er kein Bäcker ist.
Und, dass es nicht mehr an ihm frißt.
Sondern, dass er nur die Brötchen ißt.
Eine letze Frist.....sprach der Polizist!
Und plötzlich wird einem klar, dass es keine Berufung war.
Und man lieber gewaltfrei wär'. Das ist als Bulle schwer.
Dann ist man 40 geworden und brauchte Niemanden ermorden.
Nur selbst hat man ein paar Einschußnarben.Das ist die Ehre!
Daran kann man sich laben.
Meine Psyche hat überlebt! Wer weiß wie lange das noch so geht?
Ab 40 gehört man zum alten Eisen.
Dann muß man die Jungspunte unterweisen.
Soll ich darauf stolz sein?
Das interessiert doch sowieso kein Schwein!
Soweit ich zurück denke, gab es nie besondere Geschenke.
Aber mach' ich mal EINEN Fehler,
interessiert das nicht nur den Arbeitgeber.
Sondern das interessiert auch die Massen! Ist das zu fassen?
Dann steh' ICH im Rampenlicht mit meinem Polizistengesicht!

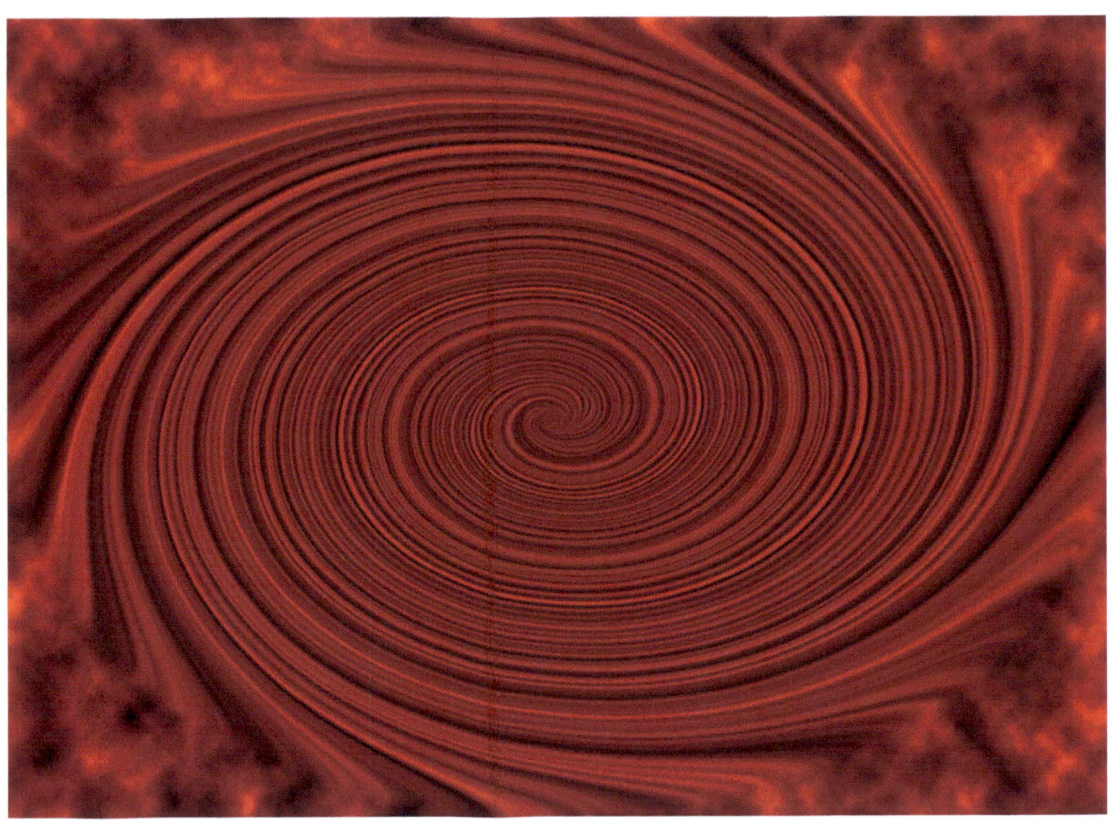

Red wave

Namen sind Schall und Rauch. Das weiß ich auch
Trotzdem schließ' ich Dich in meine Gebete ein!
Ich muß bescheuert sein!
Und das geht raus an M. W.'s Haus!

Stärke wünsch' ich Dir wie dem Meer.
Ich vermisse Dich sehr.
Und ein Leben zu zweit.
Freiheit und Gelassenheit.
Sei Deine eigene Lebensversicherung.
Ein Fels in Der Brandung.
Dass Du die Liebe zu dir selbst nicht aus den Augen verlierst
und Dich nicht blamierst.
Auch wenn Du anderen damit den Schlaf raubst.
Ich wünsch Dir, dass Du an Dich glaubst!

Ich seh' Dein Gesicht in der Nacht
Und hoffe, dass er über Dich wacht.
Dir Dein Leben rettet und keiner um Dein Leben wettet.
Und, dass die Dich vom Staat nicht verheizen oder unnötig reizen.
Bittere Pillen hat das Leben.
Aber das muß es geben.

Gott wird's vergeben und es richten!
Dass wir uns nicht selbst vernichten!
Dem einen wird's genommen. Dem anderen gegeben. Das Leben.
Ich weiß warum das so ist.
Weil man ungern etwas vermißt.
Ich weiß nicht wie es Dir geht . Oder wie es um Dich steht.
Geht es Dir schlecht ? Das wär' mir nicht recht!

written by Cordula klein.c. Langer 2005

blue wave

Das Unverzichtbare

Erlerne die Lehren, die meine Seele nähren!
Um einzutauchen in andere Sphären.
Begreife, dass viele auf Erden wandeln
entgegen ihrer Seele handeln.

Erblicke mit meinen Augen!
Erfasse mit meinem Verstand!

Wahre Worte können niemals Seelen
durchdringen,
die mit scheinheiligen Geldscheinen
Scheinheiligkeit erzwingen.
Die Einsicht in die Wahrheit
wird ihnen verschlossen bleiben
Weil sie sich mit Scheinheiligkeit
die Zeit vertreiben.

Solche quälen Seelen
indem sie Geldscheine zählen.
Weil ihnen letztendlich
Mitgefühl und Liebe fehlen.
klein.c.

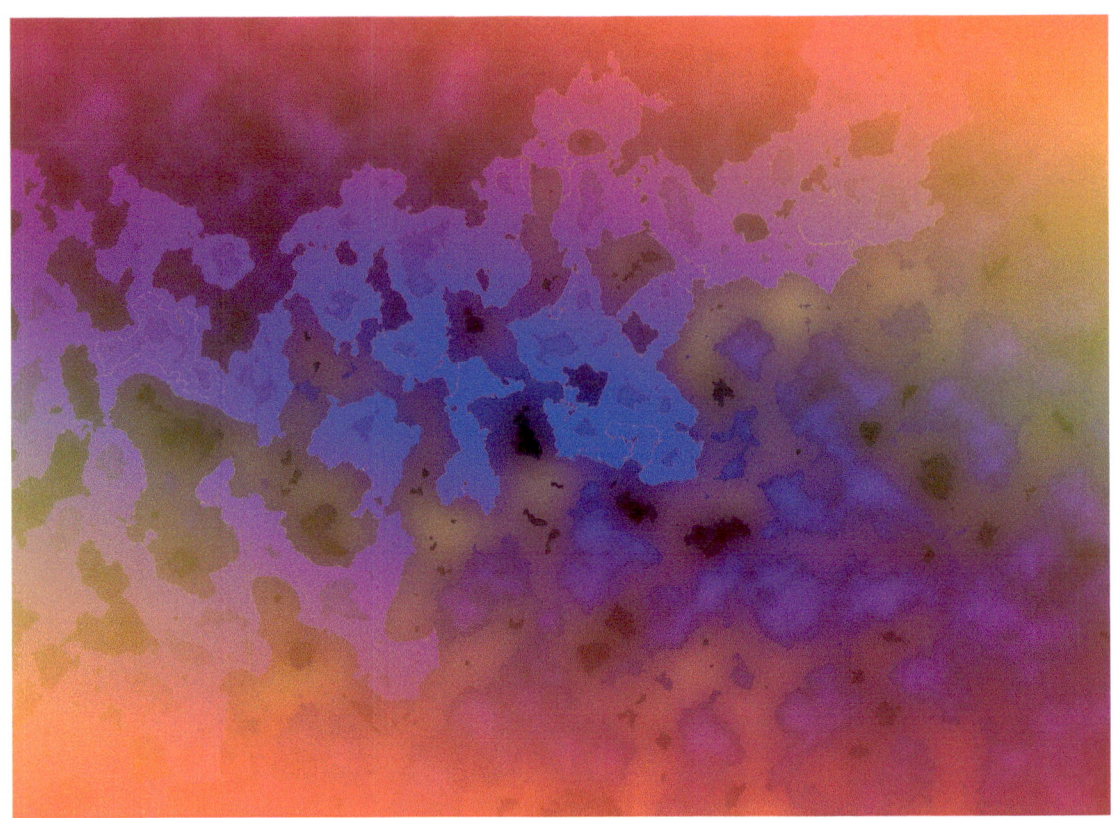

Bunt I

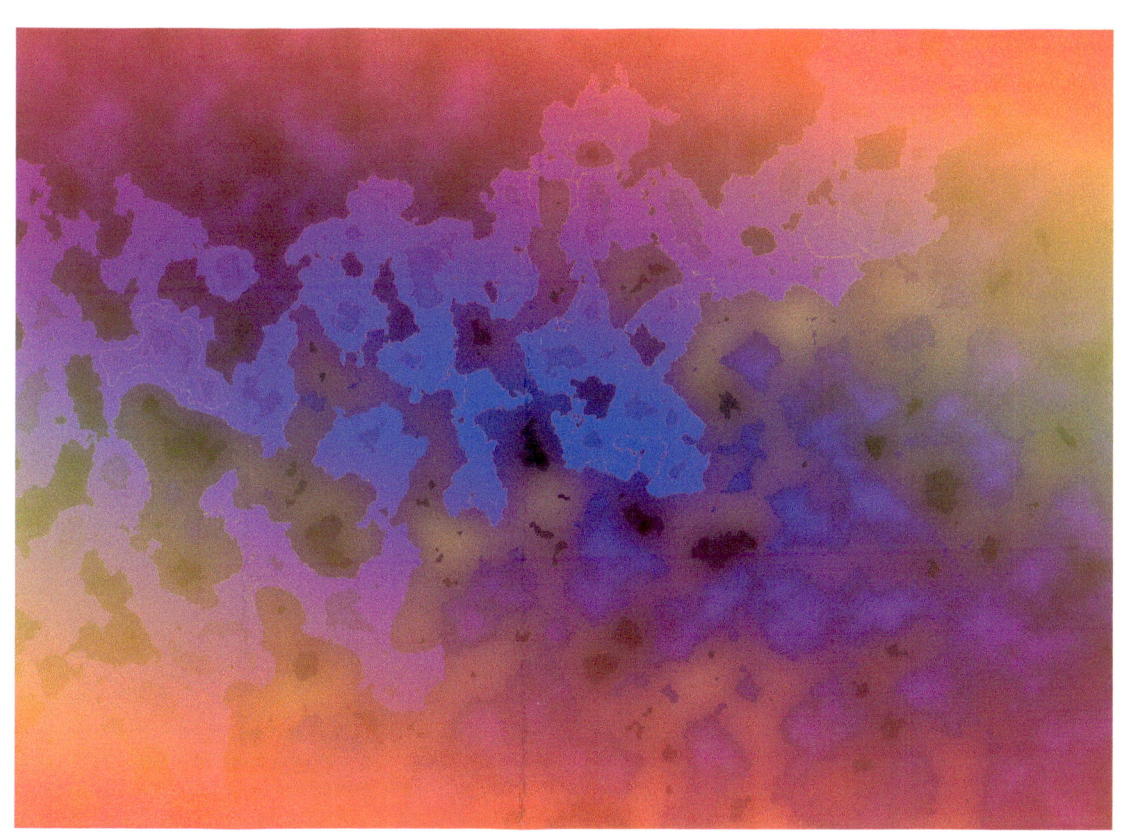

Beschränktes Denken und Scheuklappenmentalität
Das Volk weiß warum der deutsche Staat den Bach runter geht.

Politiker kennen keine Zukunftsperspektiven.
Sie kümmern sich um Krisen.
In anderen Regionen – wo Israelis - Palästinenser und Moslems wohnen.
Deshalb müssen Politiker in unserem Land die Ausgaben schonen.

Kinderleichen können keinen Bildungsabschluss mehr erreichen.
Kinder müssen als Leichen im Müll verenden.
So können wir das Kindergeld für Waffen verwenden.
Und schaffen wir einen Drogenmarkt
dann haben wir mit Drogentoten die Rente gespart.

Wir besteuern aber gerne den Fick mit einer Prostituierten.
So können wir das Volk degenerieren.
Wir Politiker repräsentieren gern. Sparen liegt uns fern.
Wir brauchen einen Benz und einen Maibach. Ich bin Merkel – Guten Tach'!
Anzüge von Designern tragen wir zu jeder Zeit.
Bis nach Bush ist es nich' weit.
Die Strecke mit dem Flieger – First Class - eine Kleinigkeit.
Schöne Empfänge und Dinner für das weiße Haus –
dafür geben wir gerne die Staatskohle aus.

Wir Politiker fragen uns niemals:
Warum steht dem Volk das Wasser bis zum Hals?
Das Volk zahlt doch mit der Steuer unser famoses Gehalt.
Eigentlich warten wir Politiker dass es endlich mal im Bundestag knallt.
Vielleicht merkt ja mal einer im Volk etwas. Das wäre ja was.

Wir stellen uns jetzt mal folgendes Desaster vor:
Das Volk steht vor dem Bundestagstor.
Das Volk lässt die Politiker nicht mehr ins Haus rein. – Wie gemein!
Politiker haben also einen Platzverweis!
Für den ganzen ReformenScheiß!

Die Politikergehälter werden rigoros gesperrt!
Politiker soll sehen von was er sich ernährt!
Erst dann – fängt ein Politiker an zu denken!
PolitikerMacht beschränken!

Ein Volksaufstand wäre angesagt!
Ihr habt lange genug getagt!

Wozu existiert der Bundesrechnungshof?
Der beweist: Das Volk ist doof!
Der hält auf weißem Papier die Verschwendung der Steuerkohle fest!
Das gibt einem den Rest! Frohes Fest!

Weihnachten 2006

November

War crime

War crime-collateral damage-death and destruction-
are consequences of small toxic thoughts.
You sign a toxic contract-a sheet of paper
what toxic content you do not know.
And it is not fussed about
if houses will fall or wood will fall
or some people will die.

This all is collateral damage
in your toxic brain.
And it is not important
for your toxic brain
if water is contaminate by toxic parts
or some plastic bags.

Toxic thoughts and toxic words
Result in a toxic life.

Therefore you eat
a toxic bread and a toxic hamburger.
And you drink a toxic coke
and you go by in a toxic plane.
And you drive a toxic car with toxic gas.

And your thrill is to go
as fast as a toxic parachuter in his last toxic will.
And you can't imagine
others do not want share toxic words or toxic thoughts.

Your Toxic world works hightly toxic
as a toxic atomic power plant.
With your toxic money and your toxic brain
could you buy some little girls or little boys or toxic diamonds.
All toxic sensation will do its toxic influence
in your toxic brain and your toxic life.

Nothing, Nothing. And Nothing.No!
No effect will still your toxic soul.
Nothing.Nothing.Never.No.
No toxic money, no toxic sex,
no toxic drugs, no toxic rush.

You're toxic! in your toxic brain!

July 2014

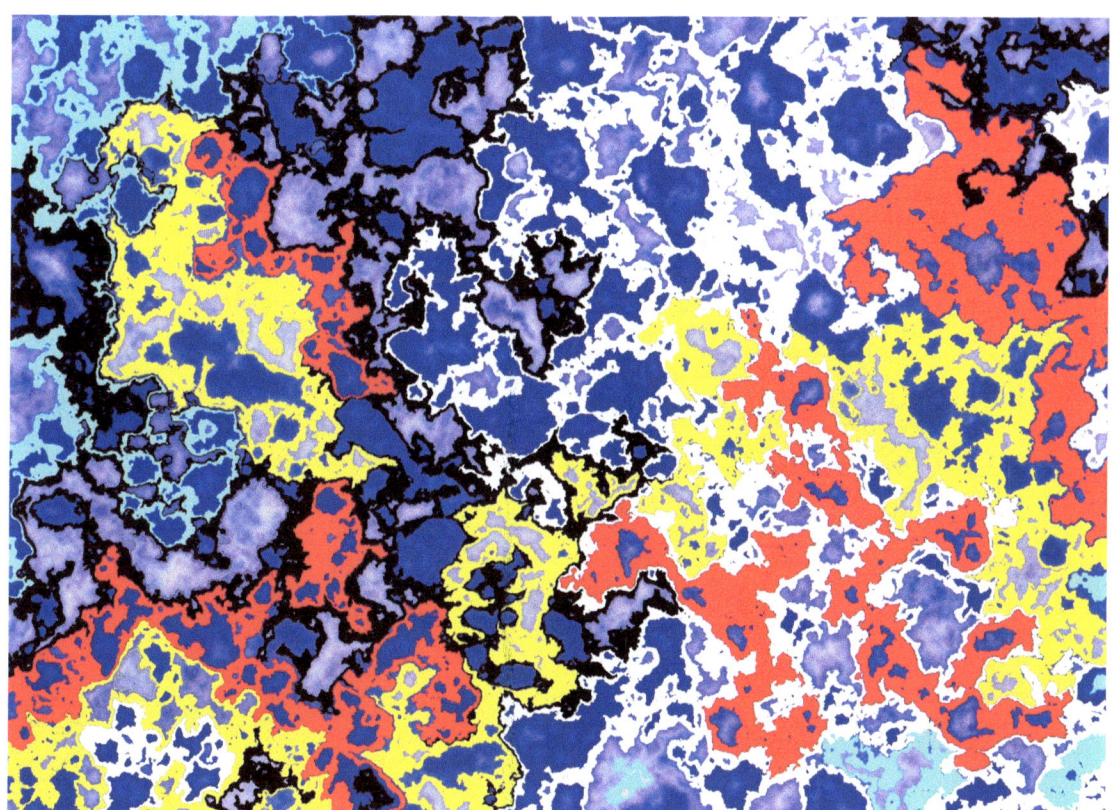

rot gelb

Soldier
Sometimes a lot of things happen
Sometimes I utilize weapon
Sometimes I miss a shield
And sometimes I feel lost in a field

Sometimes war is too much
Sometimes I miss your touch
Sometimes I believe in god
And sometimes I do not

Sometimes I need support
Sometimes I spare no effort
Sometimes I read a prayer
And sometimes I feel guilty like a slayer

Now I have to strike the balance.

01.12.2010

I define my feature: an indefine future.
A new destination is complete reservation.
Reflect my reactions: No emotions! No obligations!
I offered a stubborn resist but the trip into the past will last.
In spite of sensitive to changes.
I rerun a repeated replay.
Another chance lost!
Therefore I'm passive aggressive.
No Definition of a new Life Edition.
Cordula klein.c. langer

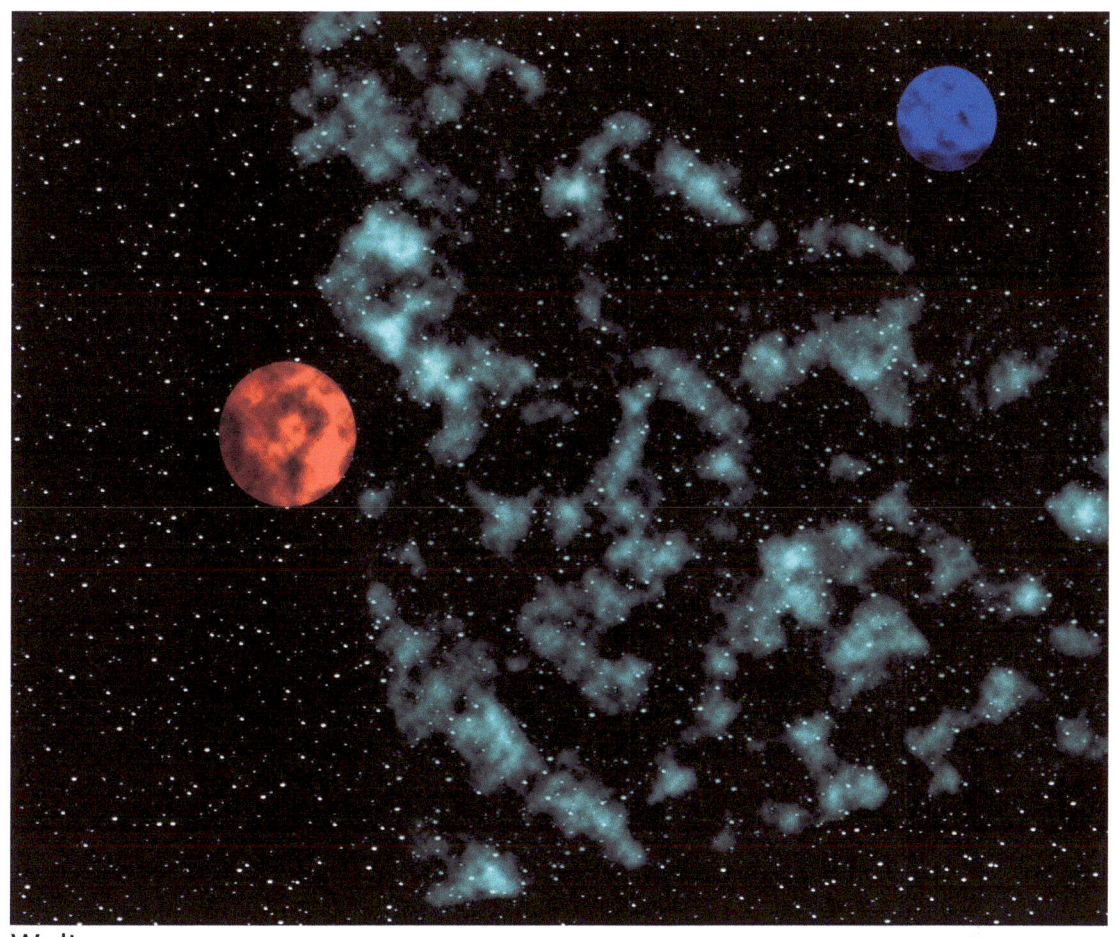

Weltraum

Vorwärts in die Vergangenheit!

Ich mag die Art Deiner Konversation! Am Telefon !

Mit Dir zu reden ist ein Segen!

Deine Schritte Dein Lachen Deine Stimme.

Laut und leise auf Deine Dir eigene Art und Weise.

Habe Deine Blicke, Deine Gesten und Dein Wesen neugierig gelesen.

Pulsschlag und Herzschlag sind vereint und ich habe verneint.

Zugeschaut und mitgebaut. - Zukunft aus Luft gebaut.

Dreh' ein Stück der Zeit zurück! War das ein Stück vom Glück?

Ein zurück in die Zukunft gibt es nicht!

Ich kann mich nicht beklagen! Das wollte ich Dir noch sagen!

Meine Gefühle sind tief! Ich bin nicht naiv!

Du bist einmalig auf der Erde. Verzeih wenn ich traurig werde.

Die Erinnerung an Dich zieht leise ihre Kreise.

Geborgenheit habe ich gefunden und durfte Verbundenheit erkunden.

Gute Gefühle waren mein Sold. Liebe hast Du nicht gewollt.

Du hast mir Verborgenheit vermittelt und

ich habe Deine Gefühle ermittelt.

Mit Verlangen sanft gefangen.

Deine Art ist unverkennbar.

Du bist meinem wahren ich ganz nah.

Ich werde Dich immer achten und aus der Distanz betrachten!

cordula Langer

Schmetterling

Nachruf: Du hast diese Welt verlassen

Man sagt:Es existiert ein Leben – nach diesem Leben-
Nur Wer wird Dir dieses Leben geben?
Oder wirst Du es Dir einfach nehmen?
Mit alter Seele in neuer Hülle durchs Universum schweben?
Das würde ich gern erleben.

Vorbehaltlos -
mit Deinen Erfahrungen aus dem Diesseits ins Jenseits?
Aus dem Jenseits mit Vorbehalt ins Diesseits?
Vielleicht können sich Seelen vernetzen und unsere Gestirne besetzen?
Wie muss es sein befreit von irdischen Gesetzen?

Würde man dann auch den anderen verletzen?
Würde man es zu schätzen wissen -ein reines Gewissen?
Oder wider besseres Wissen ein Gewissen vermissen?
Würde man wieder die Welt wie im Dunkel ertasten?
Und wegen materieller Güter durch die Welt hasten?

Dies kann Dich nicht belasten:Du hast diese Welt verlassen.

Blue